Desafios e Enigmas dos Tronos

INSPIRADOS NO ROMANCE
E NA PREMIADA SÉRIE
"GAME OF THRONES"

TIM DEDOPU

ÍNDICE

	P	R
PRIMAVERA		
1 Maçãs de Kirra	6	76
2 Cavaleiros ao Quadrado	7	76
3 Jogo das Fowlers	8	76
4 A Mão do Meistre	9	76
5 Pedra do Dragão	10	76
6 Um Teste de Gelo e Fogo I	11	76
7 Lorde Daeron Vaith	12	77
8 Varys	13	77
9 Uma Caçada por Palavras I	14	77
10 Tarefa de Lisker	15	78
11 Punho de Trovão	16	78
12 Um Teste de Gelo e Fogo II	17	78
13 A Ramificação	18	78
14 Um Ritmo Cauteloso	19	78
15 Uma Caçada por Palavras II	20	79
16 Sor Gladden	21	79
17 Seis Barris	22	80
VERÃO		
18 Geris Charlton	24	80
19 Uma Bandeja de Tortas	25	80
20 Butterwell	26	80
21 Um Teste de Gelo e Fogo III	27	81
22 Daario e o Verme Cinzento	28	81
23 Uma Caçada por Palavras III	29	81
24 Dois Gêmeos	30	82
25 Bridger Cerwyn	31	82
26 Rolf E Willit	32	82
27 A Tábua	33	82
28 Pérolas de Sabedoria	34	82
29 Um Teste de Gelo e Fogo IV	35	82
30 Riqueza e Juventude	36	83
31 O Atraso da Alvorada	37	83
32 Uma Caçada por Palavras IV	38	83
33 Symeon Olhos-de-Estrela	39	84
34 Baqq	40	84

OUTONO

35 Um Teste de Gelo e Fogo V 42 84
36 Desmancha-Prazeres 43 85
37 Honras de Ouro 44 85
38 A Revista 45 85
39 Lança de Sal 46 85
40 O Atrasado Armen 47 86
41 Uma Caçada por Palavras V 48 86
42 Colina de Prata 49 86
43 Água Negra 50 86
44 Um Teste de Gelo e Fogo VI 51 87
45 Fidalporto 52 87
46 O Wull 53 87
47 Uma Caçada por Palavras VI 54 88
48 Ferro Preto 55 88
49 Um Pedido de Aves 56 88
50 Um Teste de Gelo e Fogo VII 57 88
51 Uma Caçada por Palavras VII 58 89

INVERNO

52 Andando no Caminho 60 89
53 Fogovivo 61 90
54 Confusão Parental 62 90
55 Um Teste de Gelo e Fogo VIII 63 90
56 Rei Joffrey 64 91
57 Uma Caçada por Palavras VIII 65 91
58 Drumm Abatido 66 92
59 Um Teste de Gelo e Fogo IX 67 92
60 Três Corvos de Pedra 68 93
61 Uma Caçada por Palavras IX 69 93
62 Palhiço 70 94
63 Mariya Darry 71 94
64 Um Teste de Gelo e Fogo X 72 94
65 Sor Garth 73 95
66 Uma Caçada por Palavras X 74 95

INTRODUÇÃO

Uma das partes mais difíceis ao escrever um livro como este é equilibrar as exigências do desafio ao cenário em que ele se apresenta. Foi exatamente o que fiz, na tentativa de levar você, leitor, a um mundo até então novo, completamente diferente do seu.

Mas não se preocupe com a necessidade de conhecer cada personagem ou ambiente aqui mencionado. Todos os jogos são facilmente solucionáveis com um pouco de lógica, dedução e paciência. Já a aferição da dificuldade dos desafios é outra questão – mentes diferentes veem a dificuldade em coisas diferentes – mas, no geral, as perguntas de cada estação são um pouco mais difíceis que as da anterior. Iniciaremos com a Primavera, chegando até o Inverno.

Tenha em mente que o mais importante são a diversão, o entretenimento e o ganho intelectual que você terá ao buscar as respostas. Jogos e enigmas são, assim como a narração de histórias, um dos poucos hábitos de lazer encontrados em todas as sociedades humanas, desde as mais antigas até as atuais. Então, coloque sua cabeça para pensar e mergulhe nessa aventura. Um mundo novo espera por você!

Tim Dedopulos

Primavera

MAÇÃS DE KIRRA

A paz do Solar de Cidra foi perturbada quando Kirra veio batendo os pés até Sor Bryan, arrepiada de raiva. "Sor Fossoway, aquele símio do Tregard está desorientado. Eu lhe imploro, por favor, fale com ele."

Sor Bryan suspirou. "O que foi desta vez, mulher?"

"Eu preciso saber como está sendo a colheita das maçãs desta semana. Como eu vou planejar o meu trabalho de outra forma? Tudo o que ele me diz é que, se eu pegar o número de barris colhidos e então somar com um quarto deste número, eu chegarei em 15 barris. O que há de errado com o homem?"

"Ele gosta de você."

Quantos barris de maçãs foram colhidos?

Solução na página 76

CAVALEIROS AO QUADRADO

Sor Manfryd Yew e Sor Raynard Ruttiger acabaram conversando durante a festa em Rochedo Casterly. Para sua surpresa, eles descobriram que tinham mais em comum do que apenas seu suserano.

Cada um tinha uma esposa, um filho e uma filha. Quando somadas, as idades dos Yews totalizaram 100 anos – assim como as dos Ruttigers. Além disso, quando a idade de cada membro da família foi elevada ao quadrado, então o quadrado das idades das esposas, filhos e filhas somados igualou-se ao quadrado da idade dos pais em ambos os casos. A única diferença era que a filha de Sor Manfryd era um ano mais nova que seu irmão, enquanto a filha de Sor Raynard era dois anos mais nova.

Qual a idade dos dois cavaleiros e de seus familiares?

Solução na página 76

JOGO DAS FOWLERS

Jeyne e Jennelyn Fowler eram idênticas – esbeltas e bonitas, com finos cabelos amarelos. Príncipe Quentyn nunca poderia distingui-las, e hoje elas garantiram que suas roupas se equivaliam perfeitamente. Quando ele se aproximou, elas fizeram um brinde a ele, com sorrisos maliciosos.

"Bom dia, príncipe..."

"...Quentyn. Nós esperamos..."

"...que você esteja bem."

Quentyn curvou-se nervosamente.

"Senhoritas."

"Oh não, isso..."

"...não vai adiantar..."

"...nada. Está certo..."

"...de que nos conhece?"

"Sou Jeyne, não sou?", disse a da esquerda.

"Sou Jennelyn, não sou?", disse a da direita.

Antes que Quentyn pudesse responder, Ferne, sua dama de companhia, se inclinou para sussurrar em seu ouvido. "Uma delas está mentindo, meu senhor. Eu juro que isso é verdade."

Qual é qual?

Solução na página 76

A MÃO DO MEISTRE

"Você, rapaz. Roone. Mantenha a palma da mão direita na frente de sua boca e sopre lentamente nela."

"Meistre?"

"Apenas faça isso, rapaz. Assim. O que você sente?"

"Úmido, Meistre, e quente."

"Muito bem. Agora, troque a palma da mão direita pela da mão esquerda, contraia seus lábios e sopre vigorosamente. Vamos, rápido. Qual a sensação?"

"Frio, Meistre."

"Exato. Por quê?"

Solução na página 76

PEDRA DO DRAGÃO

Na ilha da Pedra do Dragão, escondida nas profundezas das masmorras do Tambor de Pedra, uma antiga tumba Targaryen foi esculpida na vivificante obsidiana do Monte Dragão. Dentro dela se encontram dois maridos com suas duas mulheres, dois pais com suas duas filhas, duas avós com suas duas netas, duas mães com seus dois filhos, duas irmãs com seus dois irmãos e duas meninas com suas duas mães. Apenas seis nomes são dados, uma para cada ocupante.

Como isso é possível?

Solução na página 76

UM TESTE DE GELO E FOGO I

1. Quem ajuda Robb Stark a salvar seu irmão Bran dos selvagens?
2. Qual era o nome da primeira esposa de Tyrion Lannister?
3. Qual cavaleiro exilado entra em serviço com Viserys e Daenerys Targaryen em Essos?
4. Com o que Davos Seaworth salva Ponta Tempestade da fome?
5. Qual a personagem do seriado "Game of Thrones" interpretada por Emilia Clarke?
6. Qual é o nome do castelo ancestral da Casa Tully?
7. Com quem Sansa Stark casou-se?
8. Quem expôs a identidade de Arya Stark à Irmandade Sem Bandeiras?
9. A quem a Casa Swyft deve obediência?
10. Qual é o nome do assassino que concorda em matar três vítimas para Arya Stark?

Solução na página 76

LORDE DAERON VAITH

Lorde Daeron Vaith das Dunas Rubras olhou para os três homens à sua frente. Os trabalhadores das docas estiveram discutindo por alguns dias, e isso chegou ao ponto em que a disputa ficou problemática. Ele estava inclinado a punir todos os três, mas, por capricho, tentou um último recurso.

Reduzidos à própria essência e expurgados das acusações variadas e dos contra-argumentos, as justificativas dos três homens poderiam ser descritas como segue:

Gage: Alarn está mentindo.

Alarn: Rafe está mentindo.

Rafe: Ambos, Gage e Alarn, estão mentindo.

Qual homem está dizendo a verdade?

Solução na página 77

VARYS

Minha roupa é fino veludo raro,

Mas meu lar está oculto sob a terra.

E quando acima dela eu paro,

Meus inimigos me declaram guerra.

A cólera do jardineiro muito me apraz.

Destruo sua obra como à minha ele faz.

Quem eu sou?

Solução na página 77

UMA CAÇADA POR PALAVRAS I

J	A	F	E	R	P	O	L	E	I	R	O	I	S	D
O	R	E	L	L	F	T	G	E	R	G	E	N	A	A
H	O	L	E	N	N	A	T	A	L	L	A	Z	R	E
N	E	W	E	R	I	N	F	O	W	L	E	R	G	N
H	D	E	V	O	R	A	D	O	R	A	K	W	O	Y
S	N	X	H	F	F	R	O	B	E	R	T	J	N	S
B	N	S	A	I	L	H	A	S	E	S	C	U	D	O
L	Q	E	R	S	O	M	K	W	R	V	I	C	F	N
A	A	R	R	F	S	A	H	C	F	I	J	V	A	W
C	M	P	O	K	S	R	A	J	L	A	I	G	M	M
K	A	E	W	J	E	Y	D	A	I	V	N	G	B	E
T	Y	N	A	E	T	Y	O	Y	N	E	Q	R	E	R
Y	I	T	Y	W	E	W	W	N	T	R	I	I	R	Z
D	S	E	S	J	S	D	H	E	D	D	C	G	L	A
E	E	S	F	A	R	L	E	N	G	E	C	G	Y	D

AENYS Targaryen
Casa BLACKTYDE de Pretamare
Casa FLINT de Atalaia da Viúva
Casa FOWLER
Castelo AMBERLY
Cidade de JINQI
DEVORADORA de Corações
FARLEN
GERGEN
GRIGG
ILHAS ESCUDO
JAFER Flowers
JAYNE Westerling
OLENNA Redwyne
ORELL
OS SETE
POLEIRO do Grifo
ROBERT Baratheon
SARGON Botley
SERPENTES de Areia
TALLA Tarly
VIAVERDE
Vila do Lorde HARROWAY
Yalli QAMAYI

Solução na página 77

10

TAREFA DE LISKER

"Suponha, jovem Lisker, que há 15 noviços, incluindo você."

"Sim, Arquimeistre."

"Além disso, imagine que eu tenho uma tarefa que exige um grupo de três noviços. Se eu lhe pedir para alternar os membros do seu grupo a cada hora e para prosseguir na tarefa durante sete horas, sem nunca repetir os membros de seu grupo, isso é possível?"

Solução na página 78

PUNHO DE TROVÃO

Tormund Falador com os Deuses, Pai de Tropas, tomou seu título muito literalmente. Em algum momento entre os seus 50 e 80 anos de idade, era conhecido por se vangloriar de ter tantos filhos e netos quanto era a sua idade. Cada um de seus filhos, disse ele então, tinha o número de filhos igual ao de irmãos.

Quantos anos ele tinha?

Solução na página 78

UM TESTE DE GELO E FOGO II

1. Qual foi o primeiro trabalho de Jon Snow na Muralha?
2. Quem é o mestre de armas em Castelo Negro quando Jon Snow chega?
3. Por que o lobo gigante de Sansa Stark "Lady" foi morto?
4. Quem interpreta Khal Drogo no seriado "Game of Thrones"?
5. Qual cidade foi a primeira a acolher Daenerys como a Mãe de Dragões?
6. Qual é o nome do primeiro navio de Theon Greyjoy?
7. Qual Lorde é conhecido como o Velho de Vilavelha?
8. Quem Tywin Baratheon planeja que se case com o Cavaleiro das Flores?
9. Qual era a identidade do torturador de Theon Greyjoy?
10. Quem disse que "Os verdadeiros cavaleiros não são mais reais do que os deuses"?

Solução na página 78

A RAMIFICAÇÃO

Símbolo da juventude e pureza,

Com paredes farpadas para defesa,

Às opressões mundanas não me sujeito,

E bravamente disperso encantos ao redor,

Até que algum rude amante me faça o pior,

E brutalmente me aperte contra seu peito.

Aí, em breve eu adoeço e fico acabada,

Minha beleza perdida, eu sou descartada.

Quem sou eu?

Solução na página 78

14

UM RITMO CAUTELOSO

Enviado pela Irmandade em uma missão, Thoros de Myr, sem pressa alguma, fez a viagem de ida a passos lentos, na velocidade de 4 km/h. Em seu retorno, entusiasmado por ter concluído tudo, agitou-se à velocidade mais respeitável de 6 km/h.

Qual foi sua velocidade média?

Solução na página 78

UMA CAÇADA POR PALAVRAS II

```
J F S P R Y O R M E J H A H O
O O X E Y P E L U D O N E E L
N R A W A J R O F R O R G E Y
O L P R I M E I R O S I A K V
S E M T I T O R R H E N E W A
B Y S T E E L Y M J H H M N R
S E A S M O K E A A A O O F G
Q S K S H A D D E R I A N A T
O A W I L L E M G E G R D L A
R R J A Y D E R E D H E J Y L
G Y W T R E S T O R R E S S E
Y A T R I S T O N V F M H E A
L S C E K A R W S X L U C O S
E M A N D O N B C I D S D Y M
D O N N E L C Y R A N D Y L L
```

AEMOND Targaryen
Bosque de DONNEL
Casa HAIGH
Casa HOARE de Montrasgo
Casa PRYOR de Seixos
Casa QORGYLE de Arenito
FALYSE Stokeworth
FORLEY Prester
JARED Frey
JAYDE
JONOS Bracken
LUCOS Chyttering
MAEGE Mormont
MANDON Moore
O Martelo e a FORJA
OLYVAR Frey
Praça de TORRHEN
PRIMEIROS Homens
RANDYLL Tarly
RORGE
SARYA Whent
SEASMOKE
SHADD
STEELY
TALEA
TRÊS TORRES
TRISTON Sunderland
Urso PELUDO
Vaes MEJHAH
WILLEM Darry

Solução na página 79

SOR GLADDEN

"Sor Gladden, quantos anos você tem?"

"Uma pergunta ousada, criança. Daqui a seis anos, eu terei um e um quarto da idade que eu tinha há quatro anos."

Qual é a idade de Sor Gladden?

SEIS BARRIS

A proprietária da Estalagem do Entroncamento, Masha Heddle, comprou de um vinicultor seis barris de vinho surpreendentemente bons. Um era de uma safra significativamente melhor do que o resto, e esse ela a manteve para si própria. Os outros, ainda selados, foram para dois clientes, um dos quais comprara o dobro de litros de vinho que o outro. Cada barril tinha uma capacidade diferente e seus tamanhos eram 15 litros, 16 litros, 18 litros, 19 litros, 20 litros e 31 litros.

Qual foi o barril que Masha manteve para si?

Solução na página 80

Verão

GERIS CHARLTON

Geris Charlton foi muitas vezes ouvido vangloriando-se de que tinha duas vezes mais irmãs que irmãos, enquanto sua irmã gêmea Gerra tinha o mesmo número de irmãos e irmãs. Certo dia, sua tia Berenia afirmou que seu primo Leystone tinha três vezes o número de irmãs que o de irmãos, enquanto Rhee, irmã de Leystone, também tinha tantos irmãos quantas irmãs.

Quem tem mais irmãos, Geris ou Leystone?

Solução na página 80

UMA BANDEJA DE TORTAS

Em Winterfell, Gage tinha assado três bandejas de tortas de maçã. Cada bandeja era um pouco diferente – na primeira foi acrescentado mirtilo, a segunda continha pinhões, e as ameixas picadas eram destaque na terceira. Quando as bandejas estavam prontas, ele as colocou lado a lado, cuidadosamente, na ordem em que elas foram assadas, desta forma ele saberia qual era qual.

Para seu desgosto, quando ele voltou para as tortas de maçã, um dos cozinheiros havia mexido nas bandejas, de modo que nenhuma das três estava na posição correta. Dada a sua relutância em perder todo o seu trabalho, qual é o menor número de tortas de maçã que ele teria que abrir para descobrir os sabores de cada bandeja?

Solução na página 80

BUTTERWELL

"As relações familiares podem rapidamente se entrelaçar, mesmo nos Riverlands. Perla é prima-sobrinha terceira de Shay (parente em 9º grau) pelo lado de sua mãe. Qual o grau de parentesco entre a avó de Perla e o filho de Shay?"

UM TESTE DE GELO E FOGO III

1. Por que Ned Stark tenta renunciar ao cargo de Mão do Rei?
2. Quem é conhecido como "Aranha"?
3. O que tem de diferente o corvo dos sonhos de Bran Stark?
4. Alfie Allen, que interpreta Theon Greyjoy em "Game of Thrones", é o irmão de que artista musical?
5. Quem começa liderando a defesa do Portão da Lama na Batalha de Água Negra?
6. Quem é proclamado Salvador de Porto Real?
7. Quem é o chefe da Fé dos Sete?
8. Como Meistre Qyburn perde sua corrente?
9. Como o Senhor Rickard Karstark morre?
10. O que é Dentes da Bruxa?

Solução na página 81

DAARIO E O VERME CINZENTO

Daario Naharis e o Verme Cinzento se encontravam em tão acalorado debate que o Verme estava em risco de considerar aumentar a sua voz um pouco – e tudo por causa de um jogo.

"Você está sendo um cego, tolo obstinado", Daario gritou. Ele fez um esforço hercúleo para se acalmar. "É evidente que é mais fácil conseguir pelo menos três faces 6 em 18 lances de dados do que conseguir pelo menos uma face 6 em 6 lances. A chance é maior."

O Verme Cinzento balançou a cabeça educadamente. "Você está errado. É o contrário."

Quem está certo?

Solução na página 81

UMA CAÇADA POR PALAVRAS III

```
T O R G O N T T Z G R A N D E
M E N S E A D A E L A D O N D
E E D M U N D Y V A R D I S M
R G R G B E C R W A L D A X U
R D Y I Y L L O R Y M O L F L
Y U E W U L E N I P R G M B H
W M L Y N E T W B L O B E M E
E N L L K R U O B U M R L A R
A E A L A Y S O E M B E E E C
T S D A I R D D N M E N Y R H
H T F G M A R L O N R L S I O
E O V U L T U R E M E Y K E R
R R D L K U R L E K E T I Y O
W I L L O W V C A V E I R A S
Y B O L O T A S C R A N D A A
```

Batalha de YUNKAI
Casa YRONWOOD
Casa MERRYWEATHER
Casa PLUMM
CLETUS Yronwood
EDMUND Blackwood
ELADON Cabelo-dourado
ELLERY Vance
ENSEADA dos Murmúrios
GRANDE Wyk
Ilha CAVEIRA
KURLEKET
MARLON Manderly
MELEYS
MUDGE
MULHER CHOROSA
NESTOR Royce
OMBER
Patroa MAERIE
Porto de IBBEN
RANDA
Rei VULTURE
RENLY Baratheon
RYELLA Royce
RYMOLF Stormdrunk
Solar das BOLOTAS
TORGON Greyjoy
VARDIS Egen
WALDA Frey
WILLOW Olho de Bruxa
WYLLA Manderly

Solução na página 81

DOIS GÊMEOS

Dois gêmeos somos e não há surpresa alguma,

De sermos idênticos em função, tamanho e forma.

Nós somos de bronze ou de ferro, muitas vezes curvos,

Ou madeira talvez, ainda assim úteis no comércio.

Mas assim mesmo, para todas as nossas diárias dores,

Somos muitas vezes pelo pescoço suspensos em correntes.

O que somos nós?

Solução na página 82

BRIDGER CERWYN

"Você ouviu, Sor Andar? Quando o pai de Lorde Medger, Bridger Cerwyn, se casou com sua atual esposa, há 18 anos, ele era três vezes mais velho que Beedie, sua noiva."

"E daí?"

"Daí que agora ele tem apenas o dobro da idade dela."

"Bem, quantos anos ele tinha, então, quando eles se casaram?"

ROLF E WILLIT

"Ha ha, Willit. Eu estava atrás de você!"

"De jeito nenhum, Rolf. Eu estava atrás de você!"

"Não! Eu estou certo!"

"Não, você não está! Eu estou certo!"

Allyce suspirou. "Acalmem-se, vocês dois. Ambos estão certos."

Como?

Solução na página 82

A TÁBUA

Com Wat observando, seu mestre, Desmon, serrou uma tábua grossa em pedaços. Primeiro de tudo, ele serrou-a precisamente ao meio, então juntou rapidamente os pedaços e serrou os dois ao meio. Por fim, ele reuniu todos os quatro pedaços e serrou-os ao meio mais uma vez. Limpando a serragem de si mesmo, Desmon pegou um dos pequenos pedaços de madeira e jogou-o para Wat.

Wat olhou para ele com ar de dúvida. "Isso é de uma tábua de 20 quilogramas." Desmon afirmou.

"Então isso pesa, hum... dois quilogramas e meio", disse Wat.

Desmon cuspiu no chão. "Não."

Onde está o erro cometido por Wat?

Solução na página 82

PÉROLAS DE SABEDORIA

"Olhe para este par de sacos, noviço. Há uma esfera de tamanho idêntico em cada saco. Em cada saco, ou uma conta de vidro ou uma pérola, com uma chance igual de cada. Em conjunto, os sacos podem conter duas contas de vidro, duas pérolas, ou uma de cada. Agora, esta pérola vai para o segundo saco, que é fechado novamente. Preste atenção. Eu agito esse saco e tiro... uma pérola. Que assim seja. Agora, os dois sacos contêm uma esfera de novo. Qual dos sacos – se há algum – é agora mais provável que esteja com uma pérola?"

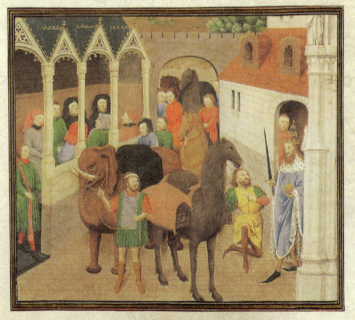

Solução na página 82

UM TESTE DE GELO E FOGO IV

1. Qual título Robb Stark reivindica quando o Norte se separar dos Sete Reinos?
2. Qual documento Cersei Lannister rasga antes de ordenar a prisão de Ned Stark?
3. Onde foi que o Rei Robert Baratheon nomeou Ned Stark como sua Mão?
4. Quem Aidan Gillen interpreta no seriado "Game of Thrones"?
5. Qual é o título de Mance Rayder?
6. Quem ordenou que Davos Seaworth denunciasse os filhos de Cersei como ilegítimos a todos os Sete Reinos?
7. Onde são feitas as melhores lentes?
8. Qual o preço que Daenerys Targaryen paga pelos Imaculados?
9. Qual é o apelido de Sor Brynden Tully?
10. Quem tinha um cavalo chamado Glória?

Solução na página 82

RIQUEZA E JUVENTUDE

Sor Dunstad Westbrook era um homem justo por natureza. Então, quando ele foi chamado para decidir sobre os termos um tanto vagos de um testamento deixado por um rico mercador, ele estava determinado a fazer o seu melhor.

O finado homem desejava que seus filhos tivessem quadrados de ouro para honrar a memória do pai deles. O quadrado de ouro do filho mais novo deveria ter lados de três quartos do comprimento do quadrado destinado ao filho mais velho. E ambos os quadrados deveriam ter lados com medidas inteiras. Para este fim, o homem tinha reservado ouro suficiente para cobrir 100 centímetros quadrados, com uma espessura de 1/4 de centímetro.

A questão com a qual ninguém parecia se contentar era sobre o tamanho dos dois quadrados. Qual comprimento os lados deveriam ter?

O ATRASO DA ALVORADA

Estava aqui antes da fundação do mundo, e devo ficar constante.

Nascido antes dos rios correrem, num passado remoto, distante.

Os seus instantes juvenis eu observo e abrando a sua aflição;

O esforçado camponês eu favoreço, e às vítimas trago mitigação.

Valorize-me se você for sábio e me use enquanto tiver poder,

Para você parecerá um instante, você também eu virei abater.

Quem sou eu?

Solução na página 83

UMA CAÇADA POR PALAVRAS IV

```
L C G S A A T H R U S S D Y W
K A W E N D E L E M L L A S E
R R A R S T A N K B Y A Y I S
E C C W O O D S W E N T N L P
W O H O S T E E N R T E E L A
T S F L O R E S T A O O T A D
Y A Z T S O L I T A R I A Y A
S M A T R I C E B S A N S A S
M A N S Ã O D E I L L I R I O
V U X E S G R E D N R Y L E S
Y L K E T T E R A U R A N E I
R R C O L I N A D E P R A T A
W I S E N H O R A V E I L E D
E C R Y D A L L A R D T I L W
L K M E L W Y S R O W D W N Y
```

A Tormenta das ESPADAS
ALLARD Seaworth
ARSTAN Whitebeard
AURANE Waters
CARCOSA
Casa DAYNE
Casa SLATE
Casa SLYNT
Casa UMBER

Casa VYRWEL
Casa WOODS
COLINA DE PRATA
ESGRED
FLORESTA de Qohor
HOSTEEN Frey
KETTER
Luz SOLITÁRIA
MANSÃO DE ILLIRIO

MATRICE
MELWYS Rivers
RYLES
SAATH
SANSA Stark
SENHORA VEILED
ULRICK Dayne
WENDEL Frey
YSILLA Royce

Solução na página 83

SYMEON OLHOS-DE-ESTRELA

"Dizem que Symeon Olhos-de-Estrela era tão hábil que, dado um alvo a 40 metros de distância, ele podia disparar uma flecha em linha reta atravessando seu chapéu cada vez que ele tentasse."

"Eles dizem, não é? Isso não é difícil, seu tolo. Dê-me um minuto com o velho cego Pew e eu o faço conseguir o mesmo por dez vezes seguidas."

"Bobagem. O velho Pew não usa um arco há 30 anos, e mesmo assim ele não conseguiria acertar uma galinha em um galinheiro. Olhos-de-Estrela era um herói considerável!"

"Um dragão de ouro diz que eu estou certo. Quer apostar?"

Qual é a maneira de fazê-lo?

Solução na página 84

BAQQ

O Soprado pelo Vento, conhecido como Feijão, gostava de dados, e durante uma hora maçante no cerco de Astapor ele inventou um novo jogo para atormentar seus companheiros. Tomando uma tábua, ele a dividiu em seis seções e numerou-as de um a seis. Então convidou seus amigos para apostarem em qualquer número que deveria sair no lance de três dados. Qualquer pessoa que escolheu o número que saiu em qualquer um dos três dados vai receber a sua aposta de volta mais o mesmo valor novamente para cada dado adicional que mostrar o mesmo número. Assim, por exemplo, apostar em um 4 numa rodada com o resultado 4, 3, 4 daria o dobro de aposta inicial.

Como jogador, qual é a chance de ganhar neste jogo?

Solução na página 84

Outono

UM TESTE DE GELO E FOGO V

1. O que é a coroa de ouro de Viserys?
2. Por que Tywin Lannister quer que seu filho Tyrion sirva como Mão do Rei?
3. Por que Samwell Tarly vestiu o Negro?
4. Quem Kit Harrington interpreta no seriado "Game of Thrones"?
5. Para onde Brienne de Tarth foi ordenada a escoltar o preso Jaime Lannister?
6. Quem é o Rei das Especiarias?
7. Em que região ficam os Jardins de Água?
8. Quem ajuda Jon Snow a derrotar o cavaleiro selvagem Orell?
9. Quais são os planos de Melisandre para o filho bastardo de Robert Baratheon, Gendry?
10. Que sobrenome os bastardos nascidos na Campina recebem?

Solução na página 84

36

DESMANCHA-PRAZERES

Um dia particularmente tempestuoso, quando o vento soprou forte, firme do leste, fez os remadores do Menina Salgada levarem apenas 90 minutos para percorrer os 24 quilômetros de Pyke até Salésia. Entretanto, a viagem de volta mais que contrabalançou isso, tendo levado exatos um quarto de dia.

Quanto tempo demora a viagem de ida e volta em uma calmaria?

Solução na página 85

HONRAS DE OURO

No conforto da Casa do Mercador em Volantis, os comerciantes Triorro, Nassicho e Donnimo estavam discutindo uma possível compra de um lote de especiarias. O preço do envio era elevado, 28 honras de ouro, e nenhum dos homens trazia consigo honras de ouro suficientes para completar a compra sozinho.

"Se eu tomasse emprestada metade das honras de ouro que vocês dois têm, eu poderia comprar as especiarias", disse Triorro.

"Se eu tomasse emprestados dois terços das honras de ouro que vocês dois têm, então eu poderia comprar as especiarias", disse Nassicho.

"E se eu tomasse emprestados três quartos das honras de ouro que vocês têm, eu poderia comprar as especiarias", disse Donnimo.

Quantas honras de ouro cada comerciante tem disponível?

Solução na página 85

A REVISTA

"Stilwood, formar os moços!"

"Agora mesmo, Sor Gregor."

"Hum. Fileiras de cinco não ficou bom, sobraram três. Tente de sete."

"Linhas de sete, senhores."

"O quê? Sobram dois. Que porcaria é essa? Que tal de três?"

"Uh, é claro, Sor Gregor. Fileiras de três, senhores."

"Não! Ainda há dois sobrando. Maldição! Isso está me dando dor de cabeça. Stilwood, nós vamos ter que matar um par. Quem são os inúteis?"

Qual é o menor número de homens que Sor Gregor está tentando reunir?

Solução na página 85

39

LANÇA DE SAL

Indo para Vila Acidentada, um caçador viu a necessidade de atravessar o rio Lança de Sal com um cão, um bêbado e uma caixa de vinho. Ele conseguia atravessar o rio com bastante facilidade com um dos três, mas o cão odiava o bêbado e estava desesperado para atacá-lo. Da mesma forma, o bêbado queria urgentemente tentar chegar ao vinho.

Amaldiçoando a idiotice dos deuses, o caçador começou a tentar encontrar uma forma de passar todos os três para o outro lado, sem perder um ou mais deles.

Como ele fará isso?

Solução na página 85

O ATRASADO ARMEN

Ocupado lendo "A Dança dos Dragões", Armen, o acólito, perdeu a noção do tempo. Quando ele se deu conta, o pensamento de que ele poderia estar atrasado para o Pena e Caneca encheu-o de significante sofrimento. Quando ele começou a ler, acendeu um par de velas de alturas iguais, mas de diferentes larguras. Uma tinha vida útil de quatro horas e a outra de cinco horas. Agora, a altura da vela maior era precisamente quatro vezes a da menor.

Há quanto tempo ele estava lendo?

Solução na página 86

UMA CAÇADA POR PALAVRAS V

```
H S B A E L I S H E L S H T B
U T H O R R A I N H A E A A R
T H E R R Y P A Y N E N M D Z
R O D E R I C K M C F H E A G
A E I D O Q U U N G I O L K E
R L Q U I N C Y X E L R L H R
C R M S H U L L E N H A L A O
H O C N E T T L E S A D M K L
I N A S R S S C A L B A G I D
B R N W O T I A L E E S U L L
A T K E O O G D B L B O L E W
L O E E N U F R E A A N I K E
D B R T E T R I T E D D A I L
M A G O A S Y A T N A A N T L
H O B E R T D N M A N S T G S
```

ADAKHAKILEKI
ADRIAN Celtigar
ALBETT
ARCHIBALD Yronwood
CANKER Jeyne
Casa BAELISH
Casa HAMELL
Casa PAYNE
Casa STOUT
Casa WELLS

DOQUU
ELAENA Targaryen
ELRON
FILHA BÊBADA
GEROLD Lannister
HOBERT Hightower
HULLEN
Lorde SWEET
Meistre GULIAN
Meistre UTHOR

NETTLES
Palácio das MÁGOAS
QUINCY Cox
RAINHA Regente
RODERICK Dustin
ROONE
SENHORA DAS ONDAS
SIGFRYD Harlaw
THERRY

COLINA DE PRATA

Lorde Anders Serrett encontrou-se em uma posição bastante incomum um dia. Dois dias antes ele tinha 35 anos de idade, mas ele foi forçado a admitir que no próximo ano faria 38. "Eu não tenho nenhum rival", de fato.

Como?

ÁGUA NEGRA

Geralmente em madeira encontrada sou,

E para ninguém dou ordens, não.

Trazer mais dor do que bem sei que vou,

Quando eu fizer levantares a mão.

Não temo o campeão nem sua cara feia,

Posso ser clara, forte, escura ou fraca.

Bravos soldados eu faço dormir na areia,

Eu medo algum tenho de tiro ou faca.

Em silencioso repouso mantenho meu vulto,

Mas quando vertida, em muita folia resulto.

Quem sou eu?

Solução na página 86

UM TESTE DE GELO E FOGO VI

1. O que é Garralonga?
2. Qual mestre esgrimista é contratado para ensinar Arya Stark a lutar?
3. Qual Grande Meistre cuidou de Jon Arryn em seus últimos dias?
4. Harry Lloyd, que interpreta Viserys Targaryen no seriado "Game of Thrones", é o descendente de qual grande literário?
5. Quem ordena o assassinato dos bastardos de Robert Baratheon?
6. Quem escapa das garras de Theon Greyjoy em Winterfell com Osha, Hodor e Rickon Stark?
7. Onde fica localizado o Guadeleite?
8. O que é um Troca-peles?
9. Quem tomou emprestadas dezenas de milhões em ouro do Banco de Ferro de Bravos?
10. De onde Vayon Poole é mordomo?

Solução na página 87

FIDALPORTO

"Quantas mortes você conseguiu ontem, Rolf?"

"O que isso te importa?"

"Vamos lá, homem. Não seja tímido."

"Aff! Descubra isso sozinho. Pegue o meu registro e adicione dois terços a ele, em seguida retire um terço disso e você ficará com 10."

Qual é o registro de Rolf?

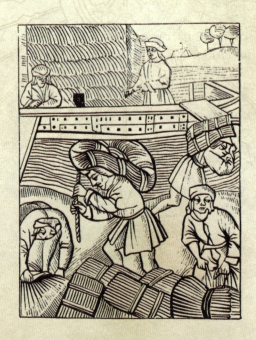

Solução na página 87

O WULL

O Wull estava com 20 pessoas em sua casa. A distribuição de pães para eles foi com base no seguinte – cada homem recebia três pães por dia, cada mulher recebia dois pães e cada criança pequena recebia metade de um pão. A cada dia o cozinheiro serviu 20 pães entre eles. Supondo que havia pelo menos um de cada, quantos homens, mulheres e crianças estavam na casa?

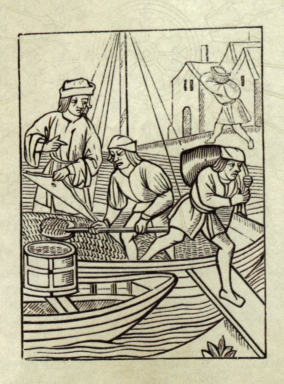

Solução na página 87

UMA CAÇADA POR PALAVRAS VI

```
S Z M V A L I R I A N O Z L V
I Z E E R N T F Q S A R N E I
L S R C E A R S U S R C F K L
E O R T D E A Y E H T O N E A
N N E Y W R L L N E H N O T V
C H L T Y Y P A T L E D I T E
I O M O N S H S E L N O N L L
O I G S E Y G H N A N N E E H
S P O R T Õ E S D A L U A B A
A U L W Y C K T O R R E D L R
S U R R A S S T Y G A I F A D
T H U R G O O D R U F U S C V
O S M U N D L A R E N C E K W
B R R A G N O R A L A D O R E
H U M B L E T A N A S I A X M
```

A Ponte do SONHO
Aço VALIRIANO
ALADORE Florent
Casa CONDON
Casa HUMBLE
Casa KETTLEBLACK
Casa REDWYNE
Casa THENN
Irmãs SILENCIOSAS
LARENCE Snow
MERREL
NAERYS Targaryen
NOINE
OSMUND Kettleblack
PORTÕES DA LUA
QUENTEN Banefort
RAGNOR Pyke
RALPH Buckler
Rio SARNE
RUFUS Leek
SHELLA Whent
STYGAI
SYLAS Sourmouth
TANÁSIA
THURGOOD Fell
TORRE da Alegria
TYTOS Frey
ULWYCK Uller
URRAS Pé de Ferro
VILA VELHA

Solução na página 88

48

FERRO PRETO

"Você. Alleras. Você está prestando atenção, menino?"

"Claro, Meistre Gormon."

"Está mesmo? Então me diga, por que um ovo de pássaro é da forma que é?"

Qual é a resposta?

Solução na página 88

49

UM PEDIDO DE AVES

Uma jovem septa foi enviada por seu septo para a vizinha cidade de Jardim de Cima para comprar aves para a sua ordem. Seus superiores lhe deram 100 estrelas de cobre e queriam que ela voltasse com 100 aves sortidas, e nada diferente disso.

No mercado, ela descobriu que patos custavam duas estrelas cada um, as galinhas estavam por uma estrela, pombos estavam dois por estrela, rolinhas a três por estrela, e cotovias a quatro por estrela. Tendo em conta que ela tinha que comprar pelo menos uma ave de cada tipo, com quantas ela voltará?

Solução na página 88

UM TESTE DE GELO E FOGO VII

1. Onde foram chocados os dragões de Daenerys Targaryen?
2. Qual é a resposta de Robb Stark à carta de sua irmã, Sansa, pedindo-lhe que jurasse lealdade a Joffrey Baratheon?
3. Quando Jon Snow parte para a Muralha, que presente ele dá à sua irmã Arya?
4. Quem interpreta Tywin Lannister no seriado "Game of Thrones"?
5. Onde o bruxo Pyat Pree esconde os dragões que ele roubou de Daenerys?
6. Que arma Tyrion Lannister usa contra a frota de Stannis Baratheon?
7. O que são Os Dedos da Arpia?
8. Depois de Ned Stark, quem é o próximo Guardião do Norte?
9. Qual é o lema da Casa Tyrell?
10. Onde fica o castelo Escudo de Carvalho?

Solução na página 88

UMA CAÇADA POR PALAVRAS VII

```
N P E Q U E N O R D I C K O N
P T A R L Y Z H A R M A N X S
E X P O D D I N G F I E L D L
Q H G B A Y A R D C C I P S A
U S I G R I N Y N E C R O H V
E E S T R E I T O S L O L O E
N M R A D U T E S E E N L R O
A U O R B N T D E S M M I T F
I L L W T I R R T E A V E R
R L L O R I T I A R N K E A H
M I E O E N U C L E T E R R L
Ã N Y D S N S K A N W R T W L
A T A L A I A D A V I U V A O
G O R M O N D B S A W A N E R
X E L E Y N A B R A V O S E B
```

ARWOOD Frey
ATALAIA DA VIÚVA
BAYARD Norcross
BRAVOS
Casa ESTREN
Casa IRONMAKER
Casa TARLY
CLEMENT Piper
DICKON Frey
EDRICK Stark
ELEYNA Westerling
ESTREITOS de Tarth
GORMOND Drumm
HARMA O Cabeça de Cão
Meistre MULLIN
PEQUENA IRMÃ
PEQUENO Conselho
PODDINGFIELD
POLLIVER
ROLLEY
SAWANE Botley
SERALA de Myr
SHORTEAR
SIGRIN
SLAVE OF RHLLOR
TITUS Peake
TRÊS
UNWIN Peake

Solução na página 89

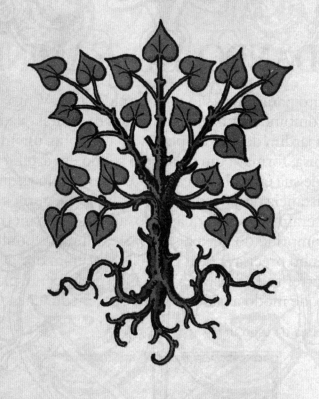

Inverno

ANDANDO NO CAMINHO

Muito para a diversão dos Soprados pelo Vento, o Pombinho tinha um caminho em espiral quadrado em seu jardim de contemplação. O caminho, um metro de largura, formava um retângulo sólido em espiral a partir de sua entrada no canto até o centro do jardim, uma distância de 3.630 metros. Os limites externos da espiral eram quase um quadrado, apenas meio metro mais comprido do que era largo. Se algum dos homens do Pombinho precisava falar com ele, eles eram obrigados a percorrer toda a distância, rolando lentamente para dentro, de modo a não perturbar suas meditações.

Qual a área da espiral?

Solução na página 89

FOGOVIVO

Em patrulha perto da base da Muralha, Dalbridge avistou um espião dos selvagens e imediatamente saiu em perseguição. O selvagem tinha uma vantagem de 27 passos e dava oito passos para cada cinco passos de Dalbridge. No entanto, apenas dois dos passos de Dalbridge valiam cinco passos do espião.

Quantos passos dará Dalbridge até alcançar o espião?

Solução na página 90

CONFUSÃO PARENTAL

Dorran Frey estava tentando explicar a um parente mais velho as várias complexidades de sua relação parental com ele. Gevin, no entanto, não estava lidando bem com as explicações e achou todo o assunto extremamente confuso.

O problema era que Gevin era, simultaneamente, cunhado do pai de Dorran, sogro do irmão de Dorran e irmão do sogro de Dorran.

Como pode uma coisa dessas ter acontecido?

Solução na página 90

UM TESTE DE GELO E FOGO VIII

1. Quem foi o primeiro Mão do Rei Joffrey Baratheon?
2. Como é que Jon Snow mata a criatura morta-viva no aposento do Comandante Mormont?
3. Onde Lorde Walder Frey reside?
4. Quem interpreta Tyrion Lannister no seriado "Game of Thrones"?
5. Qual é o nome do pai de Theon Greyjoy?
6. Como Renly Baratheon foi morto?
7. Casa de Locke de Castelovelho é encontrada em que região?
8. Quem salva Daenerys Targaryen da morte pela manticora?
9. Com quem Edmure Tully é casado?
10. A qual casa pertence quem fez essa citação: "É melhor rir do jogo do que jogar e perder"?

Solução na página 90

REI JOFFREY

"Eu quero te matar. Você entende isso, não é?"

"Si-sim, meu rei. Eu..."

"Silêncio. Minha mãe me diz que eu deveria ser misericordioso. Então eu serei misericordioso. Se você puder prever corretamente o seu destino, sem me causar confusão, então eu vou deixar você viver, se não, terei você fervido."

Existe alguma coisa que o prisioneiro possa dizer para evitar uma morte horrível?

Solução na página 91

UMA CAÇADA POR PALAVRAS VIII

```
N Q L D C A K E M H A E G E N
S H U Z X C R S B K M A R T W
A O M V W R G E U P C R O A T
N R I G C O O N M R O E S N U
G I N M O B O H F A C N L D S
U N I A R A D O R E E A I A K
E Y F N T T W R E D G D N X S
W V E C E A I D D A A E H N J
L G R E S A N O M S S D O O I
A E A R Ã R L S P G M O T T R
E N R A V V I C E E L U O C Y
N E O Y A O D E A M O Q L H K
O R Y D I R D U K E M U L T K
R A C E T E L S E A M O S H E
R L E R H J E K H S Y R G H R
```

ARENA DE DOUQUOR
ÁRVORE
AS GÊMEAS
Casa LIDDLE
Casa PEAKE
Casa ROYCE
Casa RYKKER
Cascata do ACROBATA
CÓCEGAS
CORTESÃ
GENERAL Menina
GOODWIN
HOTO Corcunda
LAENOR Velaryon
LOMMY Greenhand
LUMINÍFERA
MANCE RAYDER
MHAEGEN
NOTCH
PRAED
QHORIN Meia-mão
ROSLIN Frey
SANGUE
SENHOR DOS CÉUS
TANDA Stokeworth
TUSKS
UMFRED
VAITH

Solução na página 91

DRUMM ABATIDO

"Capitão Denys!"

"O que é, Tarb?"

"Você disse para dividir dez pães entre os dez prisioneiros, de modo que a porção de cada homem seja um oitavo de pão a menos que a do homem anterior."

"E?"

"Bem, Capitão, eu não sei por onde começar. Qual é a maior porção?"

Solução na página 92

UM TESTE DE GELO E FOGO IX

1. Onde é que Catelyn Stark capturou Tyrion Lannister?
2. Qual truque o Cavaleiro das Flores usou para vencer Gregor, A Montanha, durante o torneio?
3. Quem ensina a Bran Stark a arte do arco e flecha Dothraki a cavalo?
4. Lena Heady, que interpreta Cersei Lannister no seriado "Game of Thrones", interpretou outra mãe forte em um seriado de ficção científica. Quem?
5. Que jovem prisioneira é levada para Harrenhal com Gendry e Torta Quente?
6. Por que Tyrion Lannister aprisiona Grande Meistre Pycelle?
7. Quem liderou a Rebelião Greyjoy?
8. Qual é o nome do terceiro filho de Davos Seaworth?
9. Quem é vendido pela Irmandade Sem Bandeiras para a Sacerdotisa Vermelha, Melisandre?
10. O que é A Filha Melancólica do Mercador?

Solução na página 92

TRÊS CORVOS DE PEDRA

Preparando-se para uma lição salutar, Arquimeistre Mollos prepara dois sacos. Um contém uma única pedra, preta ou branca em igual probabilidade. O outro contém três pedras, uma branca e duas pretas. Ele acrescenta uma pedra branca ao primeiro saco, o sacode e retira, aleatoriamente, uma pedra dele – branca.

Em qual das duas opções a seguir há uma maior chance de se retirar uma pedra branca – escolher ao acaso um dos dois sacos e cegamente puxar uma pedra dele ou juntar todas as quatro pedras em um só saco e cegamente puxar uma pedra deste saco?

Solução na página 93

UMA CAÇADA POR PALAVRAS IX

```
R O C H E D O C A S T E R L Y
L R H F R H A E G A R N U D J
L O R N J G U N T H O R L I G
A N P O E T I S A N B H M R R
D E P E D R A S L D R L E B A
Y L J I F I E R R E C K R R N
B P E D E R N E I R A N L O D
R T O J O V E M H E N L Y T E
I H T S A S J N G H A I G A P
G E H E L L Y Q O H O R N D A
H O E L G O A O R M O N D A S
T D R M O A N B O B A R A N T
D A Y Y O N N D W Y L I S Ç O
E N S L D E A N S A R R A A R
P O U S O D O A B U T R E X T
```

Bellegere OTHERYS
BROTADANÇA
Casa ALGOOD
Casa LADYBRIGHT
Casa SELMY
Casa SLOANE
Dedos de PEDERNEIRA
GRANDE PASTOR
GUNTHOR Hightower
JOVEM HENLY
JYANNA Frey
Meistre ERRECK
N'GHAI
OBARA Sand
ORMOND Yronwood
PEDRAS Saltitantes
POETISA
POUSO DO ABUTRE
QOHOR
RHAEGAR Targaryen
ROCHEDO CASTERLY
RONEL Rivers
SARRA Frey
THEODAN Wells
ULMER
WYLIS Manderly

Solução na página 93

PALHIÇO

Em Vilavelha, os três tipos de milho – puro, justo e impuro – são vendidos em cestas de diferentes tamanhos. Casa Ambrose compra milho por galões. Duas cestas de milho puro não fazem um galão cheio. Nem três cestas de milho justo nem quatro cestas de milho impuro. No entanto, adicione uma cesta de milho justo a duas cestas de puro, ou uma cesta de impuro a três cestas de justo, ou uma cesta de puro a quatro cestas de impuros, e em cada um desses casos você terá um galão.

Qual proporção de um galão de milho a cesta de cada tipo de milho contém?

Solução na página 94

MARIYA DARRY

Mariya Darry decidiu sediar um encontro de sua família de ambos os lados. Para isso, ela convidou dois avós, quatro pais, uma sogra, um sogro, duas irmãs, um irmão, quatro filhos, duas filhas, dois filhos, uma nora e três netos.

Qual é o menor número possível de convidados?

Solução na página 94

UM TESTE DE GELO E FOGO X

1. Quem avisa Catelyn Stark sobre o assassinato de Jon Arryn praticado pelos Lannister?
2. Como Daenerys Targaryen recebe seus ovos de dragão?
3. Qual dos selvagens capturados torna-se um servo em Winterfell?
4. Quem Sophie Turner interpreta no seriado "Game of Thrones"?
5. Para onde Janos Slynt é mandado depois de ser afastado como Comandante da Patrulha da Cidade de Porto Real?
6. Qual prostituta Cersei Lannister rapta para controlar o comportamento de seu irmão Tyrion?
7. Quem é Nymeria?
8. Qual mercenário dá a Daenerys Targaryen um par de cabeças cortadas como prova de lealdade?
9. Qual é o Verme Cinzento?
10. Quem era o pai de Mace Tyrell?

Solução na página 94

SOR GARTH

Sor Garth Greenfield presenteou seus filhos com um grande saco de nozes sem casca e sugeriu que eles as compartilhassem de forma equitativa. Depois de pensar um pouco, as crianças decidiram dividir as nozes de acordo com suas idades, que no total eram 17,5 anos. O padrão que estabeleceram era este: para cada 4 nozes que Lucion pegasse, Rolan pegaria 3, e para cada 6 nozes que Lucion pegasse, Criston pegaria 7. Dado que havia 770 nozes no saco, no total, com quantas cada menino ficou e quantos anos eles tinham?

Solução na página 95

UMA CAÇADA POR PALAVRAS X

```
R L N M V E L H A B R Q J G S
H H O A S F V N T A O U M T W
O O R R M R S I T R S O Ã O Y
N S M G U A P N A R E R E W F
D F U O R N A H R E Y T R E T
A R N T R K R O G I M D O R G
K Y D T O L R D A R A O I S K
H D Y C N Y J A R A E M N A D
V A Y O N N H A Y D K E E R O
E S P I G Ã O G E E A R S I G
M T Y R I O N U N P R I K A G
S I L V E R H I D E K C Y N E
F E R R E T S A L D L H T N T
G U A R D A M A R R B J E E T
L S T A E D M O N A Y O R E N
```

ARIANNE Martell
BARREIRA DE PEDRA
Casa DOGGETT
Casa SPARR
Casa STAEDMON
Casa SWYFT
Casa TARGARYEN
Casa TOWERS
DOMERIC Bolton
FERRET
Forte do ESPIGÃO do Corvo
FRANKLYN Frey
GUARDAMAR
MÃE ROINE
MAEKAR Targaryen
MARGOT Lannister
NINHO DA ÁGUIA
NORMUND Tyrell
OSFRYD Kettleblack
QUORT
RHONDA Rowan
ROSEY
SILVER Denys
SKYTE
TYRION Lannister
URRON Mãos Vermelhas
VAYON Poole
VELHA
YOREN

Solução na página 95

Respostas

Primavera

1 - MAÇÃS DE KIRRA

"Um número mais seu quarto" indica que $5/4$ da solução é igual a 15, então a resposta é 15 x $1/5$, ou 12 barris.

2 - CAVALEIROS AO QUADRADO

Sor Manfryd tem 39, sua esposa tem 34, seu filho tem 14 e sua filha tem 13. Sor Raynard tem 42, sua esposa tem 40, seu filho tem 10 e sua filha tem 8.

3 - JOGO DAS FOWLERS

Se uma está mentindo, então a outra também deve estar mentindo. Jeyne está à direita e Jennelyn à esquerda.

4 - A MÃO DO MEISTRE

Em parte, porque o ar fica mais frio quando soprado rapidamente, devido à expansão após o seu fluxo comprimido, que força uma pequena redução na sua temperatura. Mas, principalmente, porque uma corrente de ar evapora a umidade da sua pele, resfriando-a, e este efeito ocorre mais rapidamente quando o ar está se movendo mais depressa.

5 - PEDRA DO DRAGÃO

Duas viúvas casadas cada uma com o filho da outra, e cada nova união gerou uma filha. Estes seis jazem lá dentro.

6 - UM TESTE DE GELO E FOGO I

1. Theon Greyjoy.
2. Tysha.

3. Jorah Mormont.
4. Com cebolas e peixes salgados.
5. Daenerys Targaryen.
6. Correrrio.
7. Tyrion Lannister.
8. Sandor "Cão de Caça" Clegane.
9. Lannister.
10. Jaqen H'ghar.

7 - LORDE DAERON VAITH

Se Gage está dizendo a verdade, então Rafe também tem de estar dizendo a verdade, e ele afirma que Gage está mentindo, por isso não pode ser ele. Se Rafe está dizendo a verdade, então Gage também está dizendo a verdade, então, novamente, não pode ser ele. Logo, Alarn tem de estar dizendo a verdade.

8 - VARYS

Uma toupeira.

9 - UMA CAÇADA POR PALAVRAS I

10 - TAREFA DE LISKER

De fato, é. O total de 15 noviços compreende Lisker mais outras 14 pessoas, por isso há pessoas o suficiente para ele trabalhar com mais duas pessoas diferentes a cada hora, sem repeti-las.

11 - PUNHO DE TROVÃO

Sua idade – o total de seus filhos e netos – tem que ser um número quadrado perfeito se cada filho tem tantos irmãos como filhos. O número 64 é o único quadrado perfeito entre 50 e 80.

12 - UM TESTE DE GELO E FOGO II

1. Intendente pessoal e escudeiro do Senhor Comandante.
2. Sor Alliser Thorne.
3. Porque o lobo gigante de sua irmã fugiu após morder Joffrey Baratheon.
4. Jason Momoa.
5. Qarth.
6. Cadela do Mar.
7. Lorde Leyton Hightower.
8. Sua filha, Cersei.
9. Ramsay Snow, bastardo de Lorde Bolton (mais tarde, legitimado, passou a chamar-se Ramsay Bolton).
10. Sandor Clegane, Cão de Caça.

13 - A RAMIFICAÇÃO

Uma rosa.

14 - UM RITMO CAUTELOSO

Neste caso, a velocidade média não é um meio-termo entre as duas velocidades, pois Thoros desloca-se por menos tempo ao andar mais rápido (lembre-se de que velocidade é uma relação da distância pelo tempo). Vamos dizer que é uma viagem de 24 quilômetros. Assim, na velocidade de 4 km/h, a ida levará seis horas. Da mesma forma, na velocidade de 6 km/h, a volta levará quatro horas. Então Thoros percorrerá 24 x 2 = 48 quilômetros em exatamente 10 horas. Então 48 ÷ 10 = 4,8 km/h. Esta média será a mesma para qualquer distância, pois os tempos estarão sempre nessa mesma proporção.

15 - UMA CAÇADA POR PALAVRAS II

16 - SOR GLADDEN

Vamos chamar a idade atual de Sor Gladden de "x". Matematicamente, sua declaração pode ser decomposta em $(x + 6) = (x - 4) \times 5/4$. Multiplique ambos os lados da igualdade por 4, para se livrar do divisor, então terá $4x + 24 = (x - 4) \times 5$; logo, $4x + 24 = 5x - 20$. Agora some 20 em ambos os lados. $4x + 44 = 5x$. Finalmente, subtraia 4x em ambos os lados e terá $44 = x$. Sor Gladden tem 44 anos e, daqui a seis anos, ele terá 50, que é um e um quarto de 40 anos, a idade que ele tinha há quatro anos.

17 - SEIS BARRIS

Sabemos que a soma das capacidades de todos os barris que foram vendidos tem que ser divisível por três. O total de todos os seis é 119. Isso não é divisível por três, a remoção de 15 ou 18 não ajuda em nada (pois o resultado continuaria não sendo divisível por três). Ainda mais, 119 são dois acima de 117, que é o primeiro número anterior divisível por três, então subtrair um número que é apenas um acima de um número divisível por três – ou seja, 31, 19 e 16 – também não ajuda em nada. O único barril que tem dois números acima de um múltiplo de três é o 20, de modo que essa é a resposta. Retirando 20 litros, sobram 99 litros divididos em 66 litros para um homem e 33 litros para o outro.

Verão

18 - GERIS CHARLTON

Geris. Ele tem dois irmãos e quatro irmãs, enquanto Leystone tem um irmão e três irmãs.

19 - UMA BANDEJA DE TORTAS

Abrir apenas uma é suficiente já que cada tipo está na posição errada. Considere as tortas e posições como A, B e C. Se a torta C está na posição A, então a posição B não pode conter a torta B, mas sim a torta A, deixando a torta B na posição C. Lógica semelhante vale para o caso de a torta B estar na posição A.

20 - BUTTERWELL

De acordo com a relação descrita, Shay é prima-tia terceira de Perla, ou seja, a bisavó de Shay era irmã da trisavó de Perla. Isso significa que a avó de Perla é prima-tia-avó segunda do filho de Shay (o filho de Shay é primo-sobrinho-neto segundo da avó de Perla) – parente em 8° grau.

21 - UM TESTE DE GELO E FOGO III

1. Ele se opõe ao assassinato de Daenerys Targaryen.
2. Lorde Varys.
3. Ele tem três olhos.
4. Lily Allen.
5. Sandor "Cão de Caça" Clegane.
6. Tywin Lannister.
7. Alto Septão.
8. Como punição pela realização de experimentos antiéticos em seres vivos.
9. Ele é executado por Robb Stark.
10. Um navio pirata.

22 - DAARIO E O VERME CINZENTO

O Verme Cinzento está certo. A probabilidade de conseguir pelo menos uma face 6 em 3 lances é de 66,5%, enquanto a de pelo menos três faces 6 em 18 lances é de aproximadamente 59,7%.

23 - UMA CAÇADA POR PALAVRAS III

24 - DOIS GÊMEOS
Uma balança de dois pratos (ou balança de travessão de braços iguais).

25 - BRIDGER CERWYN
Considere "x" a idade atual de Lorde Medger, e "y" a de Beedie. Então x=2y e x-18=3(y-18). Disso temos que (substituindo x por 2y na segunda expressão) 2y-18=3y-54; logo, y=36, que é a idade atual de Beedie; por conseguinte x=72, que é a idade atual de Medger. Quando se casaram, a idade dela era 18 e a dele 54.

26 - ROLF E WILLIT
Willitt e Rolf estavam um de costas para o outro.

27 - A TÁBUA
Um pouco de madeira foi perdido como serragem, então cada peça pesa agora menos de 2,5 quilogramas.

28 - PÉROLAS DE SABEDORIA
O segundo saco tem uma probabilidade maior, dois terços, de conter uma pérola. O primeiro saco tem exatamente 50% de probabilidade.

29 - UM TESTE DE GELO E FOGO IV
1. O Rei do Norte.
2. O testamento de Robert Baratheon.
3. Winterfell.
4. Petyr "Mindinho" Baelish.
5. Rei-Para-Lá-Da-Muralha.
6. Stannis Baratheon.
7. Na Cidade Livre de Myr.

8. Seu maior dragão.
9. Peixe Negro.
10. Jaime Lannister.

30 - RIQUEZA E JUVENTUDE

Você precisa de um par de números quadrados perfeitos que somem 100, e a raiz quadrada de um tem que ser três quartos da raiz quadrada do outro. Há apenas nove números quadrados perfeitos menores que 100, com raízes quadradas entre 1 e 9. Um momento de reflexão revelará que os dois que somam 100 são 36 e 64, e as suas raízes quadradas são 6 centímetros e 8 centímetros, respectivamente.

31 - O ATRASO DA ALVORADA

O tempo.

32 - UMA CAÇADA POR PALAVRAS IV

33 - SYMEON OLHOS-DE-ESTRELA

Pendurar um chapéu na frente da flecha, antes de disparar. Você pode não acertar o alvo, mas você certamente vai atravessar o chapéu.

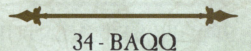

34 - BAQQ

Há três possíveis combinações de acertar apenas um dado: $(1/6 \times 5/6 \times 5/6) \times 3 = 75/216$. Há três possíveis combinações, que valem o dobro, de acertar dois dados: $(1/6 \times 1/6 \times 5/6 \times 3) \times 2 = 30/216$. E há, obviamente, apenas uma maneira de acertar todos os três dados e isso vale o triplo: $(1/216) \times 3 = 3/216$. Combinando estas probabilidades $(75 + 30 + 3) \div 216 = 108/216 = 0,5 = 50\%$ – uma chance em duas.

Outono

35 - UM TESTE DE GELO E FOGO V

1. Ouro derretido derramado sobre sua cabeça para matá-lo.
2. Para manter Joffrey sob controle.
3. Ele foi forçado por seu pai sob pena de morte.
4. Jon Snow.
5. Porto Real.
6. Um rico mercador de Qarth e membro dos Treze.
7. Dorne, Westeros.
8. Bran Stark, no corpo de seu lobo gigante, Verão.
9. Queimá-lo em sacrifício.
10. Flowers (Flores).

36 - DESMANCHA-PRAZERES

Na viagem de ida o navio está viajando numa velocidade equivalente a 16 km/h. Na viagem de volta ele está a 4 km/h. A média das duas é a velocidade do navio sem o vento, 10 km/h. Vinte e quatro quilômetros de ida e volta são 48 quilômetros, que, a 10 km/h, levam 4 horas e 48 minutos para serem percorridos.

37 - HONRAS DE OURO

Você pode transformar as três declarações nas equações abaixo:
$$T + (1(N+D) \div 2) = 28$$
$$N + (2(T+D) \div 3) = 28$$
$$D + (3(T+N) \div 4) = 28$$

Multiplicando cada equação pelos seus divisores, temos:
$$2T + N + D = 56$$
$$2T + 3N + 2D = 84$$
$$3T + 3N + 4D = 112$$

Agora, resolvendo as equações por substituição, você vai descobrir que Triorro (T) tem 20 honras de ouro; Nassicho (N) tem 12 honras de ouro; e Donnimo (D) tem 4 honras de ouro.

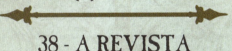

38 - A REVISTA

Olhe para múltiplos dos maiores números primeiro. Sabemos que dividindo por sete sobram dois, de modo que poderiam ser 9, 16, 23, 30, 37 etc. Dividindo por cinco sobram três, então considere 8, 13, 18, 23, 28, 33 etc. Em ambas as listas aparece o 23, que, certamente, dividido por 3 sobram 2. Sor Gregor tem 23 homens.

39 - LANÇA DE SAL

Primeiro de tudo, o caçador leva o bêbado para o outro lado e o deixa lá. Volta sem nada e em seguida ele leva o cão para o outro lado e retorna com o bêbado. Ele, então, troca o bêbado pelo vinho e leva o vinho para o outro lado, com o cão. Finalmente, após retornar de mãos vazias, ele atravessa com o bêbado.

40 - O ATRASADO ARMEN

As duas alturas das velas ficam nessa proporção depois de três horas e 45 minutos. Nesse momento, resta à vela de quatro horas apenas $1/16$ da sua altura (ou 15 minutos de 240) e resta à vela de cinco horas $1/4$ de sua altura (ou 75 minutos de 300).

41 - UMA CAÇADA POR PALAVRAS V

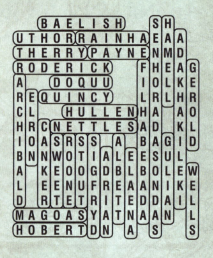

42 - COLINA DE PRATA

Lorde Anders nasceu no último dia do ano e o dia em questão é o primeiro dia do novo ano. Ontem foi o seu 36º aniversário. No final do ano atual, terá 37. No final do próximo ano, ele terá, portanto, 38.

43 - ÁGUA NEGRA

Cerveja.

44 - UM TESTE DE GELO E FOGO VI

1. Uma antiga espada de aço valiriano.
2. Syrio Forel.
3. Pycelle.
4. Charles Dickens.
5. Joffrey Baratheon.
6. Bran Stark.
7. Além da Muralha.
8. Uma pessoa que pode entrar na mente dos animais.
9. Petyr Baelish, o Mindinho.
10. Winterfell.

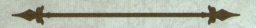

45 - FIDALPORTO

Olhe para o fim em primeiro lugar. Chegar a dez removendo um terço significa 15, pois $15 \div 3 \times 2 = 10$. Então $X + (^2/_3 X) = 15$, ou seja, $^5/_3 X = 15$, logo $X = 9$ mortes.

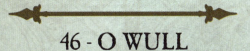

46 - O WULL

Considere limites superiores. 6 homens, 1 mulher e 1 criança vão precisar de comida a mais; assim, o número máximo de homens é 5. Da mesma forma, 8 mulheres e 30 crianças são os máximos. Ao considerar limites semelhantes para números fixos de homens, o fator mais dispendioso, você pode descobrir rapidamente que 1 homem, 5 mulheres e 14 crianças juntos respondem por 20 pães distribuídos para 20 pessoas.

47 - UMA CAÇADA POR PALAVRAS VI

[grade de caça-palavras]

---

48 - FERRO PRETO

Para que se ele rolar, role em um círculo, tornando-se menos propenso a cair ou ser perdido.

49 - UM PEDIDO DE AVES

Há, de fato, 2.678 soluções corretas para este enigma. Uma delas corresponde a 39 patos, 3 galinhas, 9 pombos, 27 rolinhas e 22 cotovias, mas seria insano listar todas as soluções. Confio que você tenha encontrado uma solução correta. O ponto aqui é que algumas perguntas simplesmente não têm resposta única.

---

50 - UM TESTE DE GELO E FOGO VII

1. Na pira funerária do seu marido.
2. Ele declara guerra aos Lannisters.
3. Uma espada.
4. Charles Dance.
5. Na Casa dos Imortais.

6. Fogovivo.
7. Um chicote.
8. Roose Bolton.
9. Crescendo Fortes.
10. Ao longo da Muralha.

51 - UMA CAÇADA POR PALAVRAS VII

(word search grid)

Inverno

52 - ANDANDO NO CAMINHO

Uma vez que o caminho tem um metro de largura, então o seu comprimento é igual à área da superfície do jardim. A área de um retângulo é comprimento vezes largura, mas uma vez que os dois são muito próximos uns dos outros, então a área está muito perto de ser um quadrado perfeito. O número quadrado perfeito mais próximo e menor que 3.630 é 3.600, que é 60 x 60. A metade de 60 é, naturalmente, 30 (o tanto que faltava). Então, o caminho tem 60 x 60,5 e a largura, o menor dos dois, tem 60 metros.

É uma espiral com um "corredor" de 1 metro de largura e 3.630 metros de comprimento, conforme a figura abaixo:

Esse enorme corredor com 3.630 metros, enrolado nesse formato de espiral, fica dentro de um retângulo de 60 metros por 60,5 metros, resultando numa área de 3.630 metros.

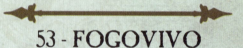

53 - FOGOVIVO

Uma vez que o selvagem tem uma vantagem de 27 passos, quando tiver dado 48 passos, ele estará 75 passos à frente da posição inicial de Dalbridge. Durante o mesmo tempo, Dalbridge terá dado 30 passos, que na proporção de 2,5 para 1 equivalem a 75 passos. Então Dalbridge pegará o espião depois de 30 passos seus.

54 - CONFUSÃO PARENTAL

A fim de conseguir essa relação, três distintas interconexões familiares são necessárias. O pai de Dorran deve ter se casado com a irmã de Gevin; o irmão de Dorran deve ter se casado com a filha de Gevin; e a esposa de Dorran deve ser sobrinha de Gevin.

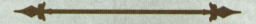

55 - UM TESTE DE GELO E FOGO VIII

1. Tywin Lannister, seu avô.
2. Com o fogo, atirando-lhe uma lanterna acesa.
3. Em As Gêmeas, uma ponte fortificada.
4. Peter Dinklage.

5. Balon Greyjoy.
6. Por uma sombra assassina invocada por Melisandre.
7. Norte.
8. Barristan Selmy.
9. Roslin Frey.
10. Casa Lannister (citação feita por Genna Lannister).

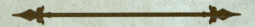

56 - REI JOFFREY

Se o prisioneiro disser que será consentido a ele viver, Joffrey pode matá-lo para provar que ele estava errado. Se ele disser que ele será morto, e ele for morto, então ele previu corretamente e deve ser deixado vivo – com a ressalva de que se ele tivesse vivido, teria previsto incorretamente. Isto é impossível de se harmonizar e certamente conta como a cláusula excludente de Joffrey, sobre causar confusão. A melhor maneira é transformar a declaração do rei, dizendo: "Eu prevejo que, se eu posso prever corretamente o meu destino, sem lhe causar confusão, então você vai me deixar viver; se não, você ter-me-á fervido." Esta afirmação é, sem dúvida, correta em todos os casos, desde que seja aceita como uma previsão válida.

57 - UMA CAÇADA POR PALAVRAS VIII

58 - DRUMM ABATIDO

As porções são, em média, de um pão para cada prisioneiro, e há apenas nove diferenças entre as 10 porções. Tome metade da diferença pretendida – $1/8 \div 2 = 1/16$ – e multiplique por 9 diferenças, o que resulta em $9/16$. Em seguida, acrescente esse total de diferenças à porção média, e $1 + 9/16 = 25/16$; então 1,5625 pão é a maior porção (um pão e meio mais um oitavo de pão). A menor porção, aliás, é $7/16$ ou 0,4375 pão (meio pão menos metade de um oitavo de pão).

59 - UM TESTE DE GELO E FOGO IX

1. Na Estalagem do Entroncamento.
2. Ele cavalgou uma égua no cio.
3. Meistre Luwin.
4. Sarah Connor.
5. Arya Stark.
6. Pycelle é um espião a serviço de Cersei Lannister.
7. Balon Greyjoy.
8. Matthos.
9. Gendry.
10. Um jogo.

60 - TRÊS CORVOS DE PEDRA

Não se sabe ao certo o conteúdo do primeiro saco. Há $2/3$ de chances que este primeiro saco tenha 1 pedra branca e $1/3$ de chance que tenha uma pedra preta. Por isso, ao combinar os dois sacos, é preciso calcular a probabilidade nas duas situações e ponderá-la pelas chances anteriores ($2/3$ e $1/3$).

Todas as combinações possíveis (com as ponderações) são:

1 - [(B) + (BPP)]
2 - [(B) + (BPP)]
3 - [(P) + (BPP)]

Ou seja, em $2/3$ das vezes teremos 2 brancas e 2 pretas, e em $1/3$ das vezes teremos 1 branca e 3 pretas.

Contando as pedras em todas as combinações possíveis (universo de possibilidades) temos 5 brancas e 7 pretas de 12 pedras no total, ou seja, a chance de retirar uma branca no universo de possibilidades é $5/12$ ou quase 42%. Ou seja, seria melhor não misturar os sacos.

61 - UMA CAÇADA POR PALAVRAS IX

62 - PALHIÇO

Uma vez que temos três condições para completar um galão, podemos usar equações simultâneas para resolver o problema. Sabemos que $2A + B = 1$, $3B + C = 1$ e $4C + A = 1$. A partir disso, podemos substituir os termos para descobrir que $A = 9/25$, $B = 7/25$ e $C = 4/25$, sendo A o milho puro, B, o justo e C, o impuro.

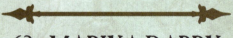

63 - MARIYA DARRY

Com apenas sete pessoas é possível preencher todos os requisitos – um casal com seus três filhos (duas meninas e um menino) e os pais do marido.

64 - UM TESTE DE GELO E FOGO X

1. Sua irmã, Lysa.
2. Como um presente de casamento.
3. Osha.
4. Sansa Stark.
5. Para se juntar à Patrulha da Noite.
6. Ros.
7. A loba gigante de Arya Stark – e também a lendária rainha que lhe empresta o nome.
8. Daario Naharis.
9. Ele é o líder dos guerreiros Imaculados de Daenerys.
10. Luthor.

65 - SOR GARTH

Para cada 12 nozes que Lucion receber, Rolan receberá 9 e Criston receberá 14. Juntas, essas quantidades somam 35. Como 17,5 é metade de 35, as idades dos meninos são metade das quantidades de nozes em cada ciclo, de modo que Lucion tem 6 anos, Rolan tem 4,5 anos e Criston tem 7. Há 22 lotes de 35 em 770; assim basta multiplicar as nozes de cada ciclo por 22 para encontrar as porções de nozes – 264, 198 e 308, respectivamente.

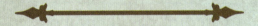

66 - UMA CAÇADA POR PALAVRAS X

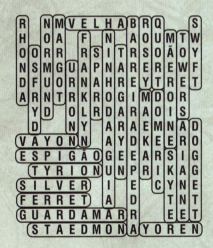

Sobre o autor

Tim Dedopolus é escritor, editor e criador e designer de jogos. Seu material publicado abrange uma ampla área de interesses, que vão desde romances, livros de autoajuda e contos a suplementos de jogos, guia de estratégia e RPGs. Dentre seus livros estão "Passatempos Medievais", "A Arte da Dedução de Sherlock Holmes" e "Desafios e Enigmas de Tutankamon", todos publicados por Coquetel.

Crédito das ilustrações:

Ilustrações fornecidas pelas seguintes fontes: *120 Great Paintings from Medieval Illustrated Books*, editado por Carol Belanger Grafton; *Costume and Ornament of the Middle Ages in Full Color* por Henry Shaw; *Full Color Heraldic Designs* (Dover Books); *Full Color Medieval Ornament* (Dover Books); *Medieval Knights, Armor & Weapons* (Dover Books); *Renaissance & Medieval Costume* por Camille Bonnard; *Treasury of Medieval Illustrations* por Paul Lacroix.

Todos os direitos reservados. Nenhuma parte desta publicação pode ser reproduzida, armazenada ou transmitida em qualquer forma, sob qualquer meio, eletrônico, mecânico, fotocopiado, gravado ou de outro modo, sem autorização prévia do detentor dos direitos autorais.

Ediouro Publicações Ltda.
Rua Nova Jerusalém, 345 – CEP: 21042-235
Rio de Janeiro – RJ
Tel.: (21) 3882-8200 / Fax: (21) 2290-7185
e-mail: coquetel@ediouro.com.br
www.coquetel.com.br
www.ediouro.com.br